W0053914

Thomas Feghelm

Laubsägearbeiten
Gartenideen im Country-Style

ENGLISCH VERLAG

Die Deutsche Bibliothek - CIP-Einheitsaufnahme
Laubsägearbeiten : Gartenideen im Country-Style / Thomas Feghelm. - Wiesbaden : Englisch, 2002
ISBN 3-8241-1188-8

© by Englisch Verlag GmbH, Wiesbaden 2002
ISBN 3-8241-1188-8
Alle Rechte vorbehalten. Nachdruck, auch auszugsweise, verboten.
Fotos: Frank Schuppelius
Herstellung: Michael Feuerer
Printed in Spain

Das Werk und seine Vorlagen sind urheberrechtlich geschützt, jede Verwertung oder gewerbliche Nutzung der Vorlagen und Abbildungen ist verboten und nur mit ausdrücklicher Genehmigung des Verlages gestattet. Dies gilt insbesondere für die Nutzung, Vervielfältigung und Speicherung in elektronischen Systemen und auf CDs. Es ist deshalb nicht erlaubt, Abbildungen und Bildvorlagen dieses Buches zu scannen, in elektronischen Systemen oder auf CDs zu speichern oder innerhalb dieser zu manipulieren.

Die Ratschläge in diesem Buch sind vom Autor und dem Verlag sorgfältig erwogen und geprüft, dennoch kann eine Garantie nicht übernommen werden. Eine Haftung des Autors bzw. des Verlages und seiner Beauftragten für Personen-, Sach- und Vermögensschäden ist ausgeschlossen.

Inhaltsverzeichnis

Vorwort

Der Country-Style ist auch aus unseren Gärten kaum mehr wegzudenken. Der Wegweiser an der Grundstücksecke weist den Besuchern die Richtung zum Garten und an der Haustür wird man durch ein weiteres Schild herzlich begrüßt. Blickt man sich um, so kann man am Gartenteich einen kleinen Angler sehen, der sich fröhlich über seinen Fang freut. Ein Hund markiert sein Revier, und die Vogelscheuche hat Mühe wie ein richtiger Vogelschreck auszusehen.

Durch die abgetönten Farben des Country-Styles treten diese Accessoires in der Natur eher in den Hintergrund, aber hat man sie erst mal entdeckt, machen sie richtig neugierig. Kaum jemand kann sich ihrem Charme entziehen, und oft ist man versucht, mit Ihnen zu sprechen, um mehr über ihre Herkunft zu erfahren.

Wenn Sie nun meinen, dass Sie ohne diese liebenswerten Figuren nicht mehr richtig glücklich sind, so ziehen Sie los und besorgen sich jede Menge Holz, ein paar Farben, und greifen Sie zur Säge. Schon bald wird auch aus Ihrem Garten eine schöne Geschichte zu hören sein!

Ich wünsche Ihnen gutes Gelingen und viel Freude mit den neuen Freunden.

Thomas Feghelm

Material und Werkzeug

Für das Anfertigen der hier vorgestellten lustigen Gesellen benötigen Sie folgende Werkzeuge und Materialien:

Werkzeug

+ Laubsäge oder Decoupiersäge
+ Sägeblätter in verschiedenen Stärken
+ Schleifpapier in verschiedenen Körnungen
+ Bohrmaschine oder Akkuschrauber
+ Bleistift
+ Cutter oder ein gerades Schnitzmesser
+ Pinsel in unterschiedlichen Größen

Material

+ Leimholz in 18 mm Stärke
+ Sperrholz in 3 mm, 6 mm und 8 mm Stärke
+ Holzleim und Kraftkleber
+ Heißkleber
+ Architektenpapier
+ Bastelfarben
+ Gelstifte in Schwarz und Weiß
+ Lackmalstifte in Schwarz und Weiß
+ Karostoffe
+ Draht in verschiedenen Stärken
+ Kupferfolie
+ kleine Nägel
+ kleine Gläser (leere Marmeladengläser) zum Anrühren von Beize
+ Alurohre, 0,6 cm ∅
+ 8er Holzdübel

Das Holz

Für die meisten Motive in diesem Buch brauchen Sie 18 mm starkes Massivholz, um den „Country-Style" richtig zu betonen. Sie erhalten dieses Holz als Leimholzplatten in Baumärkten. Sparen Sie dabei nicht an der Qualität des Holzes, und achten Sie unbedingt darauf, dass das ausgewählte Holz relativ hell und glatt ist, denn je weniger Astlöcher und Maserungen vorhanden sind, desto leichter lässt sich das Holz bearbeiten. Weiterhin benötigen Sie aus dem Bastelgeschäft Pappelsperrholz in 3 mm, 6 mm und 8 mm Stärke sowie Rundholzstäbe in verschiedenen Dicken.

Die Säge

Die Laubsäge erfordert ein wenig Muskelkraft und wird mit Auf- und Abbewegungen durch das Holz geführt. Drücken Sie das Sägeblatt dabei nur leicht gegen das Holz, um ein Verkanten oder gar Reißen des Blattes zu vermeiden. Mit dieser Säge lassen sich jedoch nur die dünneren Holzplatten problemlos sägen. Für die Leimholzplatten verwenden Sie am besten eine **Decoupiersäge**, d. h. eine elektrisch betriebene Laubsäge. Ein Motor ersetzt dabei die Muskelkraft. Es gibt diese Säge in unterschiedlichen Ausführungen und Preisklassen. Damit lassen sich auch härtere Hölzer bis zur einer Stärke von 50 mm

bearbeiten. Das Holz wird bei der Verarbeitung etwas fester auf den Sägetisch gedrückt und leicht gegen das Sägeblatt geführt. Eine genaue Beschreibung liegt der jeweiligen Säge bei.

Das Schleifpapier

Nach dem Aussägen der Motive werden die Seiten, wo es erforderlich ist, geglättet. Hierfür eignet sich ein Schleifpapier mit grober Körnung (z. B. 80er). Verwenden Sie für den Nachschliff ein Papier mittlerer Körnung (z. B. 120er) und für den Oberflächenschliff (ist im „Country-Style" nicht unbedingt erforderlich) eines mit feiner Körnung (z. B. 240er). Die Kanten werden teilweise mit einem Cutter oder einem Schnitzmesser gebrochen. Je unebener die Kanten sind, desto rustikaler ist auch die Erscheinung.

Die Farben

Zum Bemalen verwenden Sie am besten **wasserlösliche Bastelfarben**, die im „Country-Style" auf jeden Fall matt sein sollten. Diese Farben sind gut deckend sowie schnell trocknend und werden in unterschiedlichen Abfüllungen im Bastelhandel angeboten. Möchte man, dass die Holzmaserung auch nach der Bemalung noch sichtbar ist, kann man aus diesen Farben sogenannte **Beizen** herstellen. Verdünnen

Sie z. B. in einem leeren Marmeladenglas ein Teil Farbe mit 3 – 4 Teilen Wasser (je nach Intensität). Exakte Farbabtrennungen können Sie aufgrund der wässrigen Konsistenz jedoch nicht erreichen. Tragen Sie deshalb immer erst die Beize auf und nach dem Trocknen dann die deckenden Farbaufträge.

Um die Farben dauerhaft haltbar zu machen, werden sie nach dem Trocknen mit einem **Matt-Sprühlack** versiegelt.

Die Pinsel

Verwenden Sie für den Grundauftrag (Grundierung) einen **Borstenpinsel**. Beim Einsatz von Beizen nehmen Sie einen flach gebundenen **Synthetikpinsel**. Für Stupf- und Drybrushtechniken eignet sich insbesondere ein rund gebundener **Drybrushpinsel** mit runder Spitze. Weiterhin brauchen Sie runde und flache Synthetikpinsel in unterschiedlichen Größen. Feinste Linien und Konturen werden mit sehr guten Resultaten mit einem Gelstift aufgetragen.

Die Bodenverankerung

Damit die Figuren fest im Rasen oder in den Beeten stehen, werden sie mit Alurohren versehen, da diese nicht verwittern können.

Allgemeine Grundanleitung

Das Übertragen des Motivs

Legen Sie einen Bogen festes Transparentpapier (Architektenpapier) über den Vorlagebogen, und zeichnen Sie das gewünschte Motiv mit einem weichen Bleistift ab. Legen Sie jetzt das Architektenpapier mit der Bleistiftseite auf das Holz. Fahren Sie die Linien auf der Rückseite des Architektenpapiers mit einem harten Bleistift nochmals nach. Hierdurch werden die Linien auf das Holz übertragen. In gleicher Weise übertragen Sie auch alle Linien, Gesichter usw. auf das grundierte Holz.

Das Sägen

1. mit einer Laubsäge:

Befestigen Sie ein Sägetischchen mit einer Schraubzwinge an einer Tischkante. Der Schlitz und das Loch liegen vor der Tischkante. Das Motiv wird in dem Loch gesägt. Spannen Sie ein geeignetes Sägeblatt ein, und drehen Sie es mit den Flügelschrauben fest. Halten Sie den Sägebogen waagerecht und parallel zum Unterarm. Es wird immer nur das Holz gedreht, nicht die Säge.

2. mit einer Decoupiersäge:

Spannen Sie zunächst das für diese Holzart geeignete Sägeblatt ein, und achten Sie darauf, dass die Sägezähne nach unten zeigen, um ein Ausschlagen des Holzes zu vermeiden. Sägen Sie nun entlang der Bleistiftlinie, indem Sie das Holz langsam und ohne Druck gegen das Sägeblatt drücken. Achten Sie dabei darauf, das das Holz immer fest auf dem Sägetisch aufliegt.

Um aus einem Motiv etwas herauszusägen, bohren Sie zunächst ein kleines Loch. Lösen Sie den oberen Teil das Sägeblattes und führen es durch das Bohrloch. Spannen Sie das Sägeblatt wieder ein. Nun können Sie problemlos im Motiv sägen.

Achtung!

Lassen Sie niemals Kinder unbeaufsichtigt an einer Decoupiersäge arbeiten!

Das Schleifen

Nicht immer werden beim Sägen Rundungen wirklich rund und Kanten richtig gerade. Mit einem Schleifpapier mit grober Körnung lassen sich jedoch kleine und größere Patzer schnell korrigieren. Für gerade Kanten legen Sie das Schleifpapier auf einen Schleifklotz aus Holz oder Kork und schleifen damit über die längste Seite des Holzes hin und her. Um Rundungen zu korrigieren, müssen Sie an den jeweiligen Stellen individuell zurückschleifen. Kanten „brechen" Sie, indem Sie kurz mit etwas Druck direkt mit dem Schleifpapier über die Kante fahren oder mit dem Cutter die Kante etwas „abhobeln".

Das Bohren

Beim Bohren von Löchern besteht immer die Gefahr, dass das Holz auf der Rückseite aussplittert. Um dies zu vermeiden, müssen Sie stets ein weiteres Stück Holz unterlegen.

Die Maltechniken

Grundieren

Benutzen Sie einen einfachen Borstenpinsel für den Farbauftrag. Damit bürsten Sie die Farbe mit etwas Druck in das Holz. So können keine „Schlieren" entstehen.

Bei der Verwendung von Beize tragen Sie diese mit einem flach gebundenen Synthetikpinsel rasch und farbsatt auf Ihr Holz auf. So vermeiden Sie Trocknungsränder.

Beizen

Verdünnen Sie 1 Teil Farbe mit etwa 3–4 Teilen Wasser (je nach gewünschter Intensität) z.B. in einem leeren Marmeladenglas mit Deckel. Die Farbe lässt die Holzmaserung durchscheinen. Exakte Farbabtrennungen sind jedoch nicht möglich.

Alterungs-Effekt

Soll ein Teil schon etwas abgegriffen aussehen, so schleift man nach dem Trocknen der Farbe die Kanten etwas ab. Anschließend werden diese mit verdünnter brauner Farbe und einem Papiertuch überwischt. Ein weiterer Effekt wird durch das Aufspritzen von Farbpünktchen erzielt. Tauchen Sie eine Zahnbürste in etwas verdünnte braune Farbe, und streichen Sie diese in einer Richtung von sich weg über ein Spritzsieb.

Punkte setzen

Um gleichmäßige Punkte zur Verzierung zu setzen, brauchen Sie Stricknadeln oder Pinselstiele in unterschiedlichen Dicken. Tauchen Sie den Stiel in einen Farbspiegel ein. Setzen Sie ihn anschließend senkrecht auf Ihr Holz. Die Farbmenge reicht meist für zwei Punkte aus. Wischen Sie das Ende mit einem Papiertuch sauber, bevor Sie es erneut in den Farbspiegel eintauchen. So werden Ihre Punkte immer schön rund.

Drybrushing

Hier bürsten Sie regelrecht die „trockene" Farbe auf Ihr Motiv. Am besten eignet sich hierfür ein Drybrushpinsel mit einer runden Spitze. Der Pinsel muss vor Gebrauch immer trocken sein, da die Farbe sonst zu sehr verdünnt würde. Tauchen Sie die Pinselspitze in die gewünschte Farbe. Streichen Sie nun den Pinsel auf einem Papiertuch so lange hin und her, bis Sie das Gefühl haben, dass jetzt keine Farbe mehr im Pinsel ist. Nun können Sie mit dieser Art von Bemalung sehr weiche Effekte an den gewünschten Stellen erzielen.

Nass-in-Nass-Technik

Bei dieser Technik werden zwei oder mehr Farben nass ineinander gewischt. Tragen Sie dazu die Farben nebeneinander oder übereinander auf und ziehen die Farben mit dem Pinsel ineinander. Sie müssen dabei zügig oder in Teilschritten arbeiten, damit die Farbe nicht antrocknen kann. So erhalten Sie weiche Farbübergänge.

Versiegeln

Damit das bemalte Teil später auch feucht abgewischt werden kann, wird es mit einem transparent-matten Sprühlack versiegelt. Den Lack vor Gebrauch gut schütteln! Figuren für den Garten sollten Sie evtl. mit einem Bootslack versiegeln.

Einfärben von Stoffen

Damit die Stoffe schon etwas älter aussehen, können Sie diese mit schwarzem Tee einfärben. Dazu brühen Sie den Tee stark auf und weichen den Stoff ca. 15 Minuten ein. Anschließend wird die Färbung mit Essig fixiert. Ein weiterer Alterungseffekt sind ausgefranste Stoffkanten. Die erhalten Sie, indem Sie den Stoff in die entsprechende Breite reißen.

Country-Garden-Bewohner

Wegweiser

Material

- Leimholz, 18 mm stark
- Sperrholz, 3 mm und 8 mm stark
- Holzleiste, 160 x 3,5 x 1,2 cm
- Schleifpapier mittlerer Körnung
- Cutter oder Schnitzmesser
- Holzleim
- Bastelfarben in Altweiß, Gelb, Rostrot, Grün, Braun, Dunkelbraun und Schwarz
- Beize in Blau
- fester Draht
- 2 Metall-Ösen, 3,5 x 3,5 cm
- 8 Schrauben, 3,0 mm Ø x 12 mm Länge
- 2 Gartenwerkzeuge
- Bohrer, 2 und 6 mm Ø
- Sprühlack
- Alurohr, 6 mm Ø x 25 cm Länge

Anleitung

Zeigen Sie auf besonders originelle Art Ihren Gästen die Richtung zum Garten.

Übertragen Sie die Konturen wie in der Grundanleitung beschrieben auf die Holzplatte. Sägen Sie die Formen aus, und glätten Sie die Seiten. Brechen Sie die Kanten mit dem Schnitzmesser. Bohren Sie nun die Löcher für die Drahtaufhängungen und das Loch für das Alurohr. Nachdem Sie die Schilder und die Leiste gebeizt haben, werden die Ränder der Schilder in der Nass-in-Nass-Technik mit etwas schwarzer Farbe verwischt. Brushen Sie die Kanten nach dem Trocknen mit Altweiß über. Übertragen Sie den Schriftzug vom Vorlagebogen auf die Schilder und malen ihn mit Altweiß nach. Grundieren Sie die Blumen und das kleine Herz mit Gelb, und wischen Sie in der Nass-in-Nass-Technik etwas braune Farbe hinein. Die Blütenmitte wird mit Dunkelbraun bemalt, die Ränder werden nach dem Trocknen der Farbe mit Altweiß überbrusht.

Malen Sie das kleine Vogelhaus in Grün, und arbeiten Sie das Dach heraus, indem Sie viel dunkelbraune Farbe mit hinein wischen. Brushen Sie die Ränder mit Altweiß über. Arbeiten Sie das große Vogelhaus ebenso mit Rostrot. Bemalen Sie nun die Herzen mit Rostrot, Gelb und Grün, und wischen Sie etwas dunkelbraune Farbe von den Rändern zur Mitte. Brushen Sie nach dem Trocknen die Ränder des grünen Herzens mit Altweiß über. Grundieren Sie die Gießkanne in Grün, und wischen Sie ein wenig Braun hinein. Brushen Sie auch hier nach dem Trocknen der Farben die Ränder mit Altweiß über.

Versiegeln Sie die Farben mit dem Sprühlack, und leimen Sie die Einzelteile zusammen. Dann drahten Sie die Gießkanne und das Vogelhaus an den Schildern fest. Zum Abschluss schrauben Sie noch die Ösen fest, leimen das Alurohr in die Leiste und hängen das Werkzeug an.

„Welcome Friends"

Material

- Leimholz, 18 mm stark
- Sperrholz, 3 mm stark
- Schleifpapier mittlerer Körnung
- Cutter oder Schnitzmesser
- Holzleim
- Bastelfarben in Altweiß, Gelb, Blau, Rost, Grün, Braun und Dunkelbraun
- Beize in Braun
- Lackmalstift in Schwarz
- fester Draht
- Bohrer, 2 mm ⌀
- Sprühlack

Anleitung

Damit sich Ihre Gäste schon an der Gartentür herzlich eingeladen fühlen, übertragen Sie die Konturen wie in der Grundanleitung beschrieben auf die Holzplatte. Sägen Sie die Formen aus und glätten die Seiten. Brechen Sie die Kanten mit dem Schnitzmesser und bohren die Löcher.

Nachdem Sie das Schild gebeizt haben, werden die Kanten in der Nass-in-Nass-Technik mit etwas dunkelbrauner Farbe verwischt. Übertragen Sie dann den Schriftzug auf das Holz und malen ihn mit einem Lackmalstift nach. Die Garten-Accessoires werden ebenfalls nass in nass bemalt.

Für die Grundierung des Hauses benötigen Sie Blau und zum Verwischen Rost. Das Herz wird mit Altweiß kariert. Brushen Sie die Kanten nach dem Trocknen mit Altweiß. Die Blumen grundieren Sie mit Gelb und verwischen darin etwas Braun. Brushen Sie zunächst ein Karomuster mit Altweiß auf die Blütenmitte und direkt daneben ein weiteres mit Blau. Der Gartenhandschuh wird mit der Farbe Rost bemalt und mit Blau verwischt. Brushen Sie die Kanten nach dem Trocknen mit Altweiß. Grundieren Sie die Kanne mit Grün, und verwischen Sie darin

etwas Dunkelbraun. Brushen Sie die Kanten nach dem Trocknen mit Altweiß. Nach dem Trocknen werden die Farben mit dem Sprühlack versiegelt. Befestigen Sie nun die Drahtaufhängungen an den Holzteilen. Für die Aufhängung nehmen Sie den Draht dreifach und wickeln ihn um einen runden Gegenstand zur Spirale auf.

Angler

Material

- Leimholz, 18 mm stark
- Sperrholz, 3 mm stark
- Schleifpapier mittlerer Körnung
- Cutter oder Schnitzmesser
- Holzleim
- Bastelfarben in Altweiß, Rot, Blau, Rost, Grün, Haut, Braun, Dunkelbraun und Schwarz
- Rundholz, 0,8 cm Ø x 40 cm und 0,3 cm Ø x 10 cm Länge
- Holzkugel, 20 mm Ø
- Gelstift in Schwarz
- Karostoff
- fester Draht
- Bohrer, 2, 6 und 8 mm Ø
- 8er Holzdübel
- Sprühlack
- Alurohr, 0,6 cm Ø x 20 cm

Anleitung

Dieser kleine Angler freut sich über seinen Fang.

Übertragen Sie die Konturen wie in der Grundanleitung beschrieben auf die Holzplatte, und sägen Sie die Formen aus. Glätten Sie die Seiten, und brechen Sie die Kanten mit dem Schnitzmesser. Dann bohren Sie die Löcher für die Verbindungen. Bemalen Sie den Angler in den entsprechenden Farben. Das Haar wir braun grundiert; die Strähnen heben Sie hervor, indem Sie in der Nass-in-Nass-Technik ein wenig Dunkelbraun verwischen. Rougen Sie die Wangen mit Rot, und malen Sie das Gesicht mit dem Gelstift auf. Die Augen werden mit schwarzer Farbe aufgetragen.

Verwischen Sie in den grünen Pullover etwas Dunkelbraun, ebenso in die blaue Hose. Brushen Sie den Hut und den Stiefel zunächst von den Kanten her mit Grün und anschließend mit Altweiß. Befestigen Sie nach dem Versiegeln mit dem Sprühlack noch den Flicken und das Taschentuch. Grundieren Sie die Angelrute mit stark verdünnter blauer Farbe.

Der Stiefel wird in Blau grundiert und mit den Farben Dunkelbraun und Grün verwischt. Nach dem Trocknen werden die Kanten in Altweiß gebrusht. Verdünnen Sie für den Fisch die Farben zur Beize. Verwischen Sie die Übergänge. Zum Schluss versiegeln Sie die Farben mit dem Sprühlack und verdrahten das Fanggut.

Hasenpaar

Material

* Leimholz, 18 mm stark
* Sperrholz, 3 mm und 8 mm stark
* Schleifpapier mittlerer Körnung
* Cutter oder Schnitzmesser
* Holzleim
* Bastelfarben in Altweiß, Pastellgelb, Rosa und Braun
* Beize in Hellbraun, Blau und Grün
* Lackmalstift in Schwarz
* Naturbast und Juteband
* Holzblüte
* fester Draht
* Rundholz, 8 mm Ø für die Verbindungen
* 4 Alurohre 0,6 cm Ø x 20 cm
* Bohrer, 1, 2, 6 und 8 mm Ø
* 6 Stück 8er Holzdübel
* Sprühlack

Anleitung

Zwei Gartenbewohner, die in der Osterzeit natürlich nicht fehlen dürfen! Übertragen Sie die Konturen wie in der Grund-anleitung beschrieben auf Ihre Holzplatte, und sägen Sie die Formen aus. Glätten Sie die Seiten, und brechen Sie die Kanten mit dem Schnitzmesser. Bohren Sie die Löcher für die Verbindungen der Einzelteile, den Bart und die Alurohre. Beizen Sie zunächst die Köpfe, Arme und Füße, und verwischen Sie von den Kanten her etwas braune Farbe in der Nass-in-Nass-Technik. Die Wangen und Ohren werden nach dem Trocknen mit Rosa gebrusht.

Grundieren Sie nun den Rock, und wischen Sie ein wenig braune Farbe in der Nass-in-Nass-Technik hinein. Beizen Sie die restliche Kleidung in den entsprechenden Farben. Nach dem Trocknen werden die Kanten und Konturen noch mit Altweiß und Braun im Drybrush hervorgehoben.

Verleimen Sie die Köpfe und Füße mit dem Körper und drahten die Einzelteile an. Versiegeln Sie die Farben mit dem Sprühlack. Zum Schluss werden die Hasen noch mit einer Bast- und Juteschleife verziert.

Hund

Material

- Leimholz, 18 mm stark
- Schleifpapier mittlerer Körnung
- Cutter oder Schnitzmesser
- Bastelfarben in Altweiß und Schwarz
- Beize in Braun
- Karostoff
- 2 Alurohre, 0,6 cm Ø x 20 cm Länge
- Bohrer, Ø 6 mm
- Sprühlack

Anleitung

Unermüdlich markiert dieser Hausgenosse sein Revier. Übertragen Sie die Konturen wie in der Grundanleitung beschrieben auf die Holzplatte, und sägen Sie die Form aus. Glätten Sie die Seiten, und brechen Sie die Kanten mit dem Schnitzmesser. Bohren Sie die Löcher für die Alurohre. Beizen Sie den Hund und arbeiten die Konturen mit viel Wasser heraus. Schleifen Sie nach dem Trocknen der Farbe die Kanten nochmals mit feinem Schleifpapier ab. Die Schwanzspitze und die Schnauze werden mit Altweiß überbrusht. Auge und Nase werden mit Schwarz aufgemalt. Versiegeln Sie zum Schluss die Farben mit dem Sprühkleber. Ein Stoffstreifen dient als Halsband.

Igel

Material

+ Leimholz, 18 mm stark
+ Schleifpapier mittlerer Körnung
+ Cutter oder Schnitzmesser
+ Bastelfarben in Schwarz
+ Beize in Braun und Dunkelbraun
+ Gelstift in Weiß
+ 3 Alurohre, 0,6 cm Ø x 15 cm Länge
+ Bohrer, 6 mm Ø
+ Sprühlack

Anleitung

Übertragen Sie die Konturen der Igel wie in der Grundanleitung beschrieben auf die Holzplatte und sägen die Formen aus. Glätten Sie nun die Seiten und brechen die Kanten mit dem Schnitzmesser. Bohren Sie die Löcher für die Alurohre. Beizen Sie anschließend die Gesichter und die Füße in Braun, die Körper in Dunkelbraun. Deuten Sie die Stacheln an, indem Sie mit schwarzer Farbe in die noch nasse Farbe kleine Striche wischen – und fertig ist Ihr Igelpaar.

Hennen

Material

- Leimholz, 18 mm stark
- 2 Sperrholzplatten, 8 mm stark, 10 x 5 cm groß
- Kupferplatte, 2 mm stark
- Schleifpapier mittlerer Körnung
- Cutter oder Schnitzmesser
- Holzleim
- Bastelfarben in Altweiß, Braun, Dunkelbraun und Schwarz
- Beize in Braun
- fester Draht
- Rundholz, 25 mm Ø
- Alurohr, 1 cm Ø x 35 cm Länge
- Nest, 30 cm Ø
- Moos, Reisig, Federn und 4 Eier
- Bohrer, 2 mm und 10 mm Ø
- 2 Schrauben, 6 mm Ø x 25 mm Länge
- 4 Schrauben, 4 mm Ø x 20 mm Länge
- 12 kleine Nägel
- Sprühlack

Anleitung

Übertragen Sie die Konturen wie in der Grundanleitung beschrieben auf die Holzplatte, und sägen Sie die Formen aus. Glätten Sie die Seiten, und brechen Sie die Kanten mit dem Schnitzmesser. Bohren Sie das Loch für das Alurohr in das Rundholz sowie die Löcher in die untere Henne.

Beizen Sie den Rundstab und versiegeln ihn mit Sprühlack. Das Nest wird zwischen dem Rundstab und einer der Holzplatten verschraubt.

Grundieren Sie die Hennen mit Altweiß und wischen in der Nass-in-Nass-Technik ein wenig braune Farbe hinein. Dann grundieren Sie die Füße, Schnabel und Kamm mit Dunkelbraun und stricheln die Schattierungen mit Hellbraun in die noch nasse Farbe.

Schneiden Sie nun die Flügel aus und befestigen diese mit den Nägeln. Spritzen Sie nun die Farbpünktchen auf. Dann fixieren Sie die Farben nach dem Trocknen mit dem Sprühlack.

Befestigen Sie die zweite Holzplatte unter der größeren Henne, und verschrauben Sie die Platten miteinander. Verwenden Sie dazu die kurzen Schrauben.

Drehen Sie den Draht zur Spirale auf und befestigen daran die Füße. Die Henne wird so aufgehängt, dass sie knapp über dem Boden schwebt.

Schäfer mit Schafen

Material

- Leimholz, 18 mm stark
- Sperrholz, 6 mm stark
- Kupferplatte, 2 mm stark
- Schleifpapier mittlerer Körnung
- Cutter oder Schnitzmesser
- Holzleim
- Bastelfarben in Altweiß, Rosa, Haut, Braun, Dunkelbraun und Schwarz
- Beize in Grün, Braun und Dunkelbraun
- Gelstift in Schwarz
- Jute, 7,5 x 7,5 cm
- 1 Zweig
- ½ Holzperle, 12 mm ∅
- 6 Alurohre, 0,6 cm ∅ x 15 cm
- Alurohr, 0,6 cm ∅ x 20 cm
- Kupferstab, 0,4 cm ∅ x 30 cm
- Metall-Laterne
- 12 kleine Nägel
- Bohrer, 4 und 6 mm ∅
- Sprühlack

Anleitung

Zaubern Sie sich diesen idyllischen Anblick auf Ihren Rasen, indem Sie zunächst die Konturen wie in der Grundanleitung beschrieben auf die Holzplatte übertragen und anschließend die Formen aussägen. Glätten Sie die Seiten, und brechen Sie die Kanten mit dem Schnitzmesser. Bohren Sie die Löcher für das Alurohr und die Laterne. Grundieren Sie die Schafe mit Altweiß und wischen in der Nass-in-Nass-Technik ein wenig braune und dunkelbraune Farbe hinein. Arbeiten Sie ebenso die Gesichter und Beine heraus. Schneiden Sie die Ohren aus dem Kupferblech aus, und befestigen Sie sie mit den Nägeln. Spritzen Sie nun die Farbpünktchen auf. Beizen Sie den Mantel des Schäfers in Grün, und wischen Sie in die noch nasse Farbe ein wenig Dunkelbraun hinein. Grundieren Sie die Hände mit Haut, und arbeiten Sie die Konturen mit brauner

Farbe heraus. Die Füße werden in Dunkelbraun gebeizt und mit Schwarz verwischt. Befestigen Sie die Nase, und grundieren Sie anschließend das Gesicht mit Haut. Das Haar und der Bart werden in Altweiß bemalt und mit Braun in der Nass-in-Nass-Technik verwischt. Nach dem Trocknen der Farbe deuten Sie mit ein paar Strichen einen Schnurrbart sowie die Augenbrauen an und stupfen die Wangen und Nase mit Rosa ab. Grundieren Sie den Hut mit brauner Beize und wischen ein wenig dunkelbraune Farbe von den Rändern zur Mitte hinein. Fixieren Sie die Farben nach dem Trocknen mit Sprühlack und befestigen den Wanderstock und die Schnur an den Händen. Anschließend werden noch die Knöpfe und die Manteltasche mit Holzleim angebracht.

Blumenkind

Material

- Leimholz, 18 mm stark
- Schleifpapier mittlerer Körnung
- Cutter oder Schnitzmesser
- Holzleim
- Bastelfarben in Rosa, Haut, Braun, Dunkelbraun und Schwarz
- Beize in Blau
- Gelstift in Schwarz und Weiß
- fester Draht
- 2 Drahtstifte, 2 x 25 mm
- Tontopf, 11 cm ∅
- Naturbast
- Scharnier, 3 cm
- Bohrer, 2 und 8 mm ∅
- 4 passende Schrauben
- Sprühlack

Anleitung

Stolz präsentiert dieses Mädchen ihren Blumentopf.

Übertragen Sie die Konturen wie in der Grundanleitung beschrieben auf die Holzplatte und sägen die Formen aus. Glätten Sie die Seiten, und brechen Sie die Kanten mit dem Schnitzmesser. Bohren Sie für die Kopf- und Fußverbindung jeweils ein Loch mit einem Durchmesser von 8 mm und für die Armverbindung mit einem Durchmesser von 2 mm. Bohren Sie ein weiteres Loch für die Topfhalterung mit 2 mm Durchmesser. Beizen Sie das Kleid und die Stütze in Blau. Grundieren Sie die Arme und die Füße mit Haut und wischen in der Nass-in-Nass-Technik ein wenig Braun hinein.

Bemalen Sie die Haare in Dunkelbraun und wischen in die noch nasse Farbe viel Braun hinzu. Grundieren Sie das Gesicht mit Haut, und rougen Sie die Wangen (Drybrush). Die Nase, Sommersprossen und den Mund tragen Sie mit dem Gelstift auf.

Schrauben Sie das Scharnier an, und leimen Sie die Einzelteile zusammen. Fixieren Sie die Farben mit dem Sprühlack.

Wickeln Sie nun den festen Draht mehrmals um den Topf und schieben die Enden durch den Körper. Verdrehen Sie den Rest, damit er nicht wieder heraus rutschen kann. Binden Sie aus dem Naturbast eine Schleife und befestigen Sie diese.

Gartenengel

Material

- Leimholz, 18 mm stark
- Sperrholz, 3 mm stark
- Schleifpapier mittlerer Körnung
- Cutter oder Schnitzmesser
- Holzleim
- Bastelfarben in Altweiß, Gelb, Orange, Rosa, Dunkelrot, Türkis, Haut, Braun und Schwarz
- Beize in Dunkelbraun
- Stoffmalstift in Schwarz
- Gelstift in Schwarz
- Karostoff
- Stoffbeutel, Nadel und Faden
- Sichel
- Besen
- fester Draht
- Effektdraht in Gold
- Bohrer, 2 und 6,5 mm ∅
- Sprühlack

Anleitung

Dieser Engel „wacht" das ganze Jahr über Ihren Garten.

Übertragen Sie die Konturen wie in der Grundanleitung beschrieben auf Ihre Holzplatte, und sägen Sie die Formen aus. Glätten Sie die Seiten, und brechen Sie die Kanten mit dem Schnitzmesser. Bohren Sie die Löcher für die Drahtverbindungen und das Loch (6,5 mm ∅) in die Hand.

Grundieren Sie die Flügel und die Schuhe mit Altweiß und wischen viel braune Farbe mit hinein. Bemalen Sie das Kleid mit der türkisen Farbe und verwischen darin etwas Schwarz. Beizen Sie die Haare in Braun. Grundieren Sie nach dem Trocknen die Hände, Beine und das Gesicht mit Haut und wischen ein wenig braune Farbe mit hinein. Bemalen Sie den Stern in Gelb und wischen von den Rändern zur Mitte etwas Orange mit hinein. Spritzen Sie nach dem Trocknen der Farbe etwas braune Farbe auf den Stern.

Grundieren Sie das Herz mit Dunkelrot und brushen die Ränder nach dem Trocknen mit Altweiß über. Der Stern und das Herz werden dann an dem Effektdraht aufgehängt.

Für die Schürze reißen Sie aus einer Seite des Stoffbeutels die oberen 16 cm ab. Der Henkel bleibt dran. Fassen Sie den Stoff neben den Henkeln zusammen und vernähen ihn mit zwei Stichen. Beschriften Sie die nun entstandene Schürze mit dem Stoffmalstift. Fixieren Sie die Schrift mit dem Bügeleisen.

Binden Sie danach dem Engel die Schürze um und arrangieren das Zubehör. Leimen Sie den Besen in das Bohrloch. Zum Schluss bringen Sie noch die Aufhängungen am Hinterkopf an. Schrauben Sie dazu eine kleine Schraube hinein und wickeln darum eine Drahtöse.

Vogelscheuche

Material

+ Leimholz, 18 mm stark
+ Sperrholz, 6 mm stark
+ Schleifpapier mittlerer Körnung
+ Cutter oder Schnitzmesser
+ Holzleim
+ Bastelfarben in Altweiß, Gelb, Rosa, Dunkelrot, Grün, Haut, Braun, Dunkelbraun und Schwarz
+ Beize in Rostrot und Blau
+ Gelstift in Schwarz
+ Karostoff
+ Naturbast
+ 2 Glocken
+ Paketband
+ 2 Holzknöpfe
+ fester Draht
+ 8er Dübel aus Holz
+ Bohrer, 2 und 8 mm Ø
+ Sprühlack

Anleitung

Immer bemüht, die Vögel von den Kirschen fernzuhalten, schwingt die Vogelscheuche laut die Glocken.
Übertragen Sie die Konturen wie in der Grundanleitung beschrieben auf die Holzplatte. Sägen Sie die Formen aus, und glätten Sie die Seiten. Dann brechen Sie die Kanten mit dem Schnitzmesser und bohren zuerst die Löcher für die Drahtverbindungen und dann die Löcher (8 mm Ø) für den Kopf und den Naturbast.
Grundieren Sie den Hut mit Grün und wischen an der Hutkrempe etwas Braun und Gelb in der Nass-in-Nass-Technik hinein. Bemalen Sie das Haar mit der dunkelbraunen Farbe und verstreichen darin mit einem feinen Haarpinsel viel braune Farbe.

Grundieren Sie anschließend das Gesicht mit Haut und wischen vom Kinn zur Stirn ganz wenig braune Farbe hinein. Rougen Sie nach dem Trocknen der Farbe die Wangen mit Rosa. Nun malen Sie das Gesicht fertig.
Beizen Sie den Pullover mit Rostrot und verwischen darin etwas Dunkelbraun. Die Herzen, die Blumen und die Knöpfe werden mit Gelb grundiert und mit Dunkelbraun verwischt. Das Blumeninnere wird mit Dunkelbraun aufgestupft. Grundieren Sie das Vogelhaus mit Grün, und arbeiten Sie das Dach in der Nass-in-Nass-Technik mit den Farben Dunkelbraun und Gelb heraus. Deuten Sie die Nähte der Herzen mit dem Gelstift an.
Beizen Sie die Hose in Blau und wischen ein wenig schwarze Farbe mit hinein. Deuten Sie auch so die Trennlinie der Hosenbeine und die Taschenöffnungen an. Brushen Sie den Hosenaufschlag nach dem Trocknen der Farbe mit Altweiß über.
Versiegeln Sie die Farben mit dem Sprühkleber und verleimen die Aufschläge, die Herzen und das Blümchen auf dem Hut. Befestigen Sie den Kopf mit einem 8er Dübel etwas schräg zum Körper und drahten die Einzelteile zusammen.
Bündeln Sie den Naturbast und kleben ihn mit Holzleim in die Bohrlöcher. Schneiden Sie in den Karostoff kleine Löcher und zupfen diese etwas auseinander. Leimen Sie die Flicken auf. Befestigen Sie den Draht für die Aufhängung an den oberen Löchern im Körperteil und führen ihn hinter dem Kopf nach oben.

Herbst

Material

- ◆ Leimholz, 18 mm stark
- ◆ Sperrholz, 3 und 6 mm stark
- ◆ Schleifpapier mittlerer Körnung
- ◆ Cutter oder Schnitzmesser
- ◆ Holzleim
- ◆ Bastelfarben in Altweiß, Gelb, Grün, Braun und Dunkelbraun
- ◆ Beize in Rostrot
- ◆ fester Draht
- ◆ Bohrer, 2 mm Ø
- ◆ Sprühlack

Anleitung

Einen Hinweis auf den Wechsel der Jahreszeit erhält jeder Betrachter, wenn Sie die Konturen wie in der Grundanleitung beschrieben auf die Holzplatte übertragen. Sägen Sie die Formen aus, und glätten Sie die Seiten. Brechen Sie die Kanten mit dem Schnitzmesser und bohren dann die Löcher für die Drahtaufhängungen.

Nachdem Sie den Kürbis gebeizt haben, werden die Flächen in der Nass-in-Nass-Technik mit viel gelber Farbe verwischt. Überbrushen Sie nach dem Trocknen der Farben die Ränder mit Altweiß.

Grundieren Sie das Schild und die Blätter mit Grün und wischen ein wenig dunkelbraune Farbe mit hinein. Überbrushen Sie die Ränder nach dem Trocknen mit Altweiß. Übertragen Sie den Schriftzug vom Vorlagebogen auf das Schild und ziehen ihn mit Altweiß nach. Bemalen Sie die Blumen mit Gelb und wischen ein wenig braune Farbe mit hinein. Das Blüteninnere und der Stiel vom Kürbis werden mit Dunkelbraun grundiert und mit Altweiß überbrusht.

Nehmen Sie den Draht für die Aufhängung 4-fach und verdrehen die Lagen miteinander. Wickeln Sie den Draht über einen runden Gegenstand zur Spirale auf und verdrahten nach dem Versiegeln der Farben alle Teile miteinander.

ISBN 3-8241-1121-7
Broschur, 32 S., 2 Vorlageb.

ISBN 3-8241-1122-5
Broschur, 32 S., 2 Vorlageb.

ISBN 3-8241-1163-2
Broschur, 32 S., 2 Vorlageb.

ISBN 3-8241-1055-5
Broschur, 32 S., 2 Vorlageb.

ISBN 3-8241-1153-5
Broschur, 32 S., 2 Vorlageb.

ISBN 3-8241-1152-7
Broschur, 32 S., 2 Vorlageb.

Lust auf Mehr?

Liebe Leserin, lieber Leser,
natürlich haben wir noch viele andere Bücher im Programm.
Gerne senden wir Ihnen unser Gesamtverzeichnis zu.
Auch auf Ihre Anregungen und Vorschläge sind wir gespannt.
Rufen Sie uns einfach an oder schreiben Sie uns.

Englisch Verlag GmbH
Postfach 2309 · 65013 Wiesbaden
Telefon 0611/9 42 72-0 · Telefax 0611/9 42 72 30
E-Mail info@englisch-verlag.de
Internet http://www.englisch-verlag.de